부엉이 곳간에 우리말 잔치 열렸네

<!-- 참고 도서 icon -->

참고 도서

박일환, 〈우리말 유래 사전〉 | 조항범, 〈정말 궁금한 우리말 100가지〉, 예담
박영수, 〈우리말 뉘앙스 사전〉, 북로드 | 장승욱, 〈우리말은 재미있다〉, 하늘연못
엄민용, 〈건방진 우리말 달인〉, 다산초당 | 김정섭, 〈우리말 바로쓰기 사전〉, 지식산업사
이수열, 〈우리가 정말 알아야 할 우리말 바로쓰기〉, 현암사
우리누리, 〈그래서 이런 말이 생겼대요〉, 길벗스쿨

<!-- 일러두기 icon -->

일러두기

이 책에 실린 우리말은 민간 어원 및 예로부터 전해져 내려오는 우리말 이야기들을 참고로 하였습니다.

<!-- 고양이 삽화 -->

부엉이 곳간에 우리말 잔치 열렸네

초판 1쇄 발행 2010년 8월 30일
초판 23쇄 발행 2024년 7월 17일
글쓴이 이미애 | 그린이 김고은 | 감수 손세모돌
발행인 이봉주 | 편집장 안경숙
책임편집 곽미영 | 디자인 임은경 | 마케팅 정지운, 박현아, 원숙영, 김지윤, 황지영 | 제작 신홍섭

펴낸곳 (주)웅진씽크빅
주소 경기도 파주시 회동길 20 (우)10881
문의전화 031)956-7525(편집), 031)956-7569, 7570(마케팅)
홈페이지 www.wjjunior.co.kr 블로그 blog.naver.com/wj_junior
페이스북 facebook.com/wjbook 트위터 @new_wjjr 인스타그램 @woongjin_junior
출판신고 1980년 3월 29일 제406-2007-00046호 제조국 대한민국 사용 연령 7세 이상

ISBN 978-89-01-11049-3 · 978-89-01-11048-6(세트)74810

글 ⓒ 이미애 | 그림 ⓒ 김고은 2010
저작권자와 맺은 특약에 따라 검인을 생략합니다.

웅진주니어는 (주)웅진씽크빅의 유아·아동·청소년 도서 브랜드입니다.
이 책은 저작권법에 따라 보호받는 저작물이므로 무단전재와 무단복제를 금지하며,
이 책 내용의 전부 또는 일부를 이용하려면 반드시 저작권자와 (주)웅진씽크빅의 서면 동의를 받아야 합니다.

잘못 만들어진 책은 바꾸어 드립니다.
※주의 1_책 모서리가 날카로워 다칠 수 있으니 사람을 향해 던지거나 떨어뜨리지 마십시오. 2_보관 시 직사광선이나 습기 찬 곳은 피해 주십시오.

부엉이 곳간에 우리말 잔치 열렸네

이미애 글 | 김고은 그림 | 손세모돌 감수

웅진주니어

차례

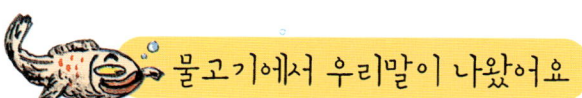
새에서 우리말이 나왔어요

부엉이 곳간에 잔치, 잔치 열렸네……6
부록 - 새에서 나온 속담들……24

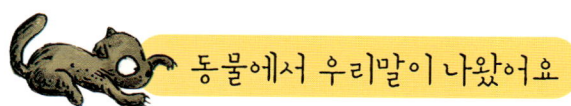
물고기에서 우리말이 나왔어요

나야 나, 은어야!……26
부록 - 물고기에서 나온 속담들……40

동물에서 우리말이 나왔어요

용감무쌍 하룻강아지……42
부록 - 동물에서 나온 속담들……58

곤충에서 우리말이 나왔어요

억울해, 억울해, 너무 억울해! ······ 60
부록 - 곤충에서 나온 속담들 ······ 76

식물에서 우리말이 나왔어요

떡갈나무의 짝사랑 ······ 78
부록 - 식물에서 나온 속담들 ······ 94

부록에서 나온 속담들 ······ 96

새에서 우리말이 나왔어요
부엉이 곳간에 잔치, 잔치 열렸네

아직 햇살이 옅은 이른 봄날이었어요.

물이 찰랑찰랑 잠겨 있는 무논에서 다리가 대젓가락처럼 기다란 황새와 다리가 짤막한 붉은머리오목눈이가 먹을 걸 찾아다녔어요.

황새가 긴 다리로 성큼성큼 내딛는 동안, 붉은머리오목눈이는 종종종 뛰어다니고 있었지요.

"야, 뱁새!"

황새는 붉은머리오목눈이를 제 이름으로 불러 주지 않고 늘 뱁새라고 불렀어요.

워낙 이름이 긴 탓에 다른 새들도 붉은머리오목눈이의 이름을 뱁새로 알고 있었어요.

　붉은머리오목눈이는 아기 새일 때부터 "뱁새, 뱁새." 하고 불렀지요. 볍씨만큼 작다고 "볍새, 볍새." 하고 불리다가 뱁새가 되었어요.

　붉은머리오목눈이는 이제 뱁새라는 이름이 더 익숙했어요. 하지만 뱁새도 뱁새 나름이지…….

"작다리 뱁새, 콩알 뱁새, 좁쌀 뱁새, 넌 뭐하러 논에 왔어?"

황새가 깐죽거리는 바람에 뱁새는 확 열이 치솟았어요.

"키다리 황새, 멀대 황새, 길쭉이 황새, 넌 뭐하러 왔는데?"

뱁새는 일부러 목을 쭉 늘이며 쏘아붙였어요.

황새는 신경 쓰지 않고 빙글빙글 비웃듯이 대답했어요.

"아아, 나야 우아하게 식사하러 왔지. 너처럼 종종종 돌아다니며 춤추러 온 게 아니고."

뱁새는 기분이 상했지만 딱히 뭐라 대꾸할 말이 금방 생각나지 않았어요.

뱁새는 침을 꼴깍 삼키며 생각했어요.

그러고는 띄엄띄엄 천천히 한마디 해 주었지요.

"나는…… 우아하게 춤추면서 먹을 거 찾는다, 뭐."

"애개, 그 춤이 우아해? 춤은 적어도 이렇게 춰야지."

황새가 다리를 곧게 뻗고는 빙그르르 돌아 보였어요.

하느작거리는 황새 날개는 뱁새가 보기에도 멋지긴 했어요.

마침 그때 뱁새 다리 곁으로 미끌미끌 미꾸라지 한 마리가 헤엄쳐 왔어요.

뱁새는 꼼짝도 않고 황새를 쳐다보고 있었잖아요.

그 바람에 미꾸라지도 뱁새가 서 있다는 걸 눈치채지 못했나 봐요.

'이야, 이게 웬 떡이람. 미꾸라지가 제 발로 찾아왔잖아.'

앙! 뱁새가 부리를 쫙 벌려 미꾸라지를 쪼아 먹으려는 순간이었어요.

갑자기 황새가 물갈퀴를 쫙 벌리며 성큼 뛰어오더니, 뱁새가 먹으려던 바로 그 미꾸라지를 홱 채 가 버렸어요.

"어어, 내 미꾸라지."

황새는 뱁새가 보는 앞에서 미꾸라지를 꿀꺽 삼켜 버렸어요. 그러고는 **시치미를 딱 잡아뗐어요.**

"이게 네 미꾸라지인지 내 미꾸라지인지 어떻게 알아?

미꾸라지에 네 거라고 이름표라도 붙여 놨어?"

아아, 정말이지 꼬물꼬물 맛있어 보이는 미꾸라지였지 뭐예요.

뱁새는 너무 속상해서 붉은 머리가 더욱 발개져서는 그만 눈물이 툭툭 떨어졌지요.

"야, 뱁새. 너도 억울하면 나처럼 다리를 길게 늘여 봐."

황새 말에 뱁새는 하나둘, 하나둘, 다리를 죽죽 늘여 보았어요.

"아야!"

시치미를 떼다

고려시대 때 자기 매에 꼬리표를 달았는데, 그 이름이 '시치미'였다. 이 시치미를 떼어 버리면 누구 매인지 알 수 없다는 데서 나온 표현으로 알고도 모르는 척, 하고도 안 한 척하는 경우에 쓴다.

하마터면 다리가 찢어질 뻔했어요. 뱁새는 아파서 엉엉 소리 내어 울고 말았어요.

황새는 뱁새가 울건 말건 성큼성큼 긴 다리를 뻗어 다른 벌레를 잡으러 저만치 훌쩍 가 버렸어요.

황새는 넓은 무논을 혼자서 몽땅 차지하고 싶었어요.

뱁새가 바지런하게 돌아다니며 벌레를 콕콕 잡아먹으니까, 마치 자기 논의 벌레를 빼앗긴 것처럼 아까웠어요. 그래서 뱁새가 속상하라고 싫은 소리를 자꾸 해 댄 거였어요.

그 무렵 푸드덕! 꿩이 무논을 지나다가 황새가 뱁새에게 못되게 구는 꼴을 보았지요.

"얘, 뱁새야, 그만 뚝! 울지 말고 이리 와."

뱁새는 흑흑 울다 말고 꿩을 멍하니 쳐다보았어요.

황새 따라가려다 가랑이 찢어져! 거기서 얼쩡거리다 괜히 황새한테 치이지 말고 나를 따라오렴."

꿩은 익숙한 길인 듯이 훨훨 **활개 치며** 앞장서 날아갔어요.

뱁새는 낯선 곳으로 날아가는 게 겁이 나서 쭈뼛쭈뼛 뒤따랐어요.

뱁새가 황새 따라가려다 가랑이 찢어진다

황새의 긴 다리와 뱁새의 짧은 다리를 두고 나온 표현으로, 하기 힘든 일을 억지로 하면 해를 입는다는 뜻이다.

꿩은 오솔길을 휙 지나더니 숲 속으로 쏙 들어섰어요.

나뭇가지들이 얽히고설킨 숲 속이었어요.

새들이 와글와글 떠드는 소리가 들려왔어요.

뱁새는 몸을 조그맣게 웅크렸어요.

"물론 꿩만큼은 못하겠지만 **꿩 대신 닭**이라고 하잖니. 저기 빨간 열매들 보이지? 미꾸라지보단 못해도 꽤 맛있어. 먹어 봐."

꿩은 고개를 까딱까딱 친절하게 빨간 열매를 가리켰어요.

뱁새가 보기에도 열매는 동그랗게 말린 벌레처럼 맛있어 보였어요.

미꾸라지 대신 열매라, 앙! 뱁새는 빨간 열매를 한입 가득 오도독 깨물었어요.

웩, 퉤퉤! 뱁새는 금세 열매를 뱉고 말았어요.

빨간 열매는 미꾸라지처럼 말랑거리지도 않고 딱딱하고 떫었어요.

"어머나, 아까운 걸 버렸네. 아직 이른 봄이라 온 숲을 뒤져도 이만큼 잘 익은 열매는 귀한데······."

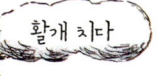

활개 치다

활개는 새의 활짝 편 두 날개, 사람의 어깨에서 양팔의 끝. 두 팔을 앞뒤로 힘차게 흔들며 걷는 모양에서 거리낌 없이 의기양양한 모습을 뜻한다.

꿩이 발을 동동 굴렀어요.

"미안해. 난 벌레나 작은 물고기 같은 것밖에 못 먹어."

뱁새는 미안해서 고개를 푹 수그렸어요.

"아니다, 아니야. 내 딴에는 뭘 좀 먹이고 싶어서 데려왔는데 오히려 미안하게 됐네. 그럼, 우리 둘이서 숲 속 벌레 좀 찾아볼까?"

뱁새는 눈이 동그래지며 금세 헤벌쭉 웃었어요.

"좋아."

꿩과 뱁새는 돌부리도 툭툭, 풀덤불도 뒤적뒤적, 마른 나뭇잎도 보스락보스락 들쑤시며 벌레를 찾아다녔어요.

날개에는 마른 나뭇잎들이 들러붙고 다리에는 흙이 묻어 둘은 꼬질꼬질해졌어요.

해 질 때까지 돌아다녀도 벌레는 한 마리도 못 찾았어요.

꿩과 뱁새는 후줄근해진 데다 몹시 배가 고팠어요.

부후엉 부후엉! 부엉이 소리가 들렸어요.

"아니, 너희들 무슨 일 있어? 둘 다 꼴이 왜 그래?"

꿩 대신 닭

꿩이나 닭이나 둘 다 날짐승이고 덩치도 비슷해서 마땅한 것이 없을 때 둘 중 하나를 선택하면 된다는 뜻이다.

"먹을 걸 찾아다니는데 벌레 한 마리 안 보이지 뭐야. 낮에 논에서 뱁새가 황새한테 구박 받고 있기에 이리 데려왔는데 말이야. 괜히 뱁새 고생만 시켰어."

"아니, 아니야, 꿩아. 나를 도와주려던 거였잖아. 나 배 안 고파."

뱁새가 양 날개를 흔들며 말하는데, 배에서 꼬르륵 소리가 커다랗게 울렸어요.

부엉이는 커다랗게 웃으며 말했어요.

"얘들아, 우리 집으로 가자. 우리 집에 열매랑 벌레들이 많아. 둘 다 배불리 먹게 해 줄게."

꿩과 뱁새는 부엉이를 따라 포르르 날아갔어요.

"우아, **부엉이 곳간**이다! 정말 소문대로 먹을 게 가득하네."

꿩은 맛난 열매와 콩을 오독오독 씹어 먹고, 뱁새는 꼬물꼬물 벌레를 배불리 먹었어요.

어느새 달이 하늘 높이 떠올라 부엉이 곳간을 비추고 있었어요.

꿩과 뱁새와 부엉이는 배도 부르고 기분도 좋았어요.

셋은 넓적한 바위로 내려와 도란도란 떠들며 놀았어요.

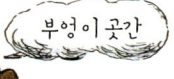

부엉이 곳간

부엉이는 둥지에 먹을 것을 많이 모아 두는 버릇이 있어서, 없는 것 없이 다 있는 경우에 빗대어 쓴다.

그때였어요.

쌔애앵! 커다란 솔개가 꿩과 뱁새와 부엉이를 향해 내리꽂히듯이 달려들었어요.

"피해!"

부엉이가 소리를 치며 꿩과 뱁새를 몰아 잽싸게 나무 뒤로 몸을 숨겼어요. 새 세 마리가 순식간에 몸을 숨기자 솔개는 바위에 우뚝 내려서는 투덜거렸어요.

"에이, 세 마리를 한꺼번에 잡을 수 있었는데……. 아깝지만 할 수 없지, 뭐. 저쪽 논에 혼자 얼쩡대던 황새나 잡아야겠다."

솔개는 곧 퍼덕퍼덕 논을 향해 날아갔어요.

뱁새는 황새를 잡겠다는 솔개 말에 화들짝 놀랐어요.

"애들아, 황새가 얄밉기는 해도 솔개에게 잡히는 건 너무 불쌍해."

뱁새가 안타깝게 말했지만 꿩과 부엉이는 고개를 가로저었어요.

"솔개가 병아리 낚아채듯 황새도 벌써 낚아챘을걸. 아마 지금쯤 절벽 위 솔개 둥지에 잡혀갔을 거야."

"애들아, 무슨 방법이 없을까?"

셋은 머리를 맞대고 속닥속닥 꾀를 냈어요.

한편 황새는 혼자 무논을 다 차지하고는 미꾸라지를 잔뜩 잡아먹었어요.

배가 불러 헉헉대다가 날이 저문 줄도, 솔개가 자기를 노리는 줄도 몰랐지요.

황새는 쌩하니 내리꽂힌 솔개 발톱에 붙잡혀 가면서 까무룩 정신을 잃고 말았어요.

솔개는 절벽 위에 기절한 황새를 털썩 내려놓았어요.

그때, 절벽 아래에서 뭔가가 절룩거리며 왔다 갔다 하는 게 보였어요.

"응, 저게 뭐야? 다리를 다친 뱁새 아냐?"

솔개는 더럭 욕심이 났어요. 그래서 절룩거리는 뱁새마저 잡아먹으려고 쏜살같이 아래를 향해 내려갔지요.

뱁새는 얼른 덤불 속으로 몸을 쏙 숨겼어요.

뱁새는 솔개가 다시 절벽 위로 올라가려고 하면 덤불 밖으로 나왔다가, 잡으려고 하면 쏙 숨었다가 하며 숨바꼭질을 했어요.

절벽 위에서는 꿩과 부엉이가 정신을 잃은 황새를 흔들어 깨웠어요.

"황새야, 황새야. 정신 차려. 이러다가 솔개한테 잡아먹혀."

황새는 눈을 뜨자마자 꿩과 부엉이를 따라 후다닥 달아났어요.

솔개는 뱁새 때문에 잔뜩 골이 났어요.

솔개는 황새라도 잡아먹을 생각으로 다시 절벽 위로 날아올랐어요.

하지만 황새가 있던 자리에는 황새 깃털과, 부엉이 깃털과, 꿩 깃털만 남아 있었지요.

"아이고, 힘들어. 괜히 욕심부리다가 다 잡은 황새마저 놓쳐 버렸네."

솔개는 오르락내리락하느라 지쳐서 이내 드르렁드르렁 잠들어 버렸어요.

그 무렵 황새는 뱁새에게 꾸벅꾸벅 고개를 숙이고 있었지요.

"뱁새야, 네가 날 살려 주었구나. 정말 고마워. 내일부터는

무논에서 사이좋게 지내자. 내가 미꾸라지 많이 잡아 줄게."

꿩이 그 모습을 보고 말했어요.

"그래, 사이좋게 지내. 다시는 뱁새 울리지 말고. 알았지, 황새야?"

"응, 꿩이랑 부엉이 너희들도 고마웠어."

"황새야, 넌 목숨도 건지고 우정도 찾았네."

부엉이가 웃으며 말했어요.

"응, **꿩 먹고 알 먹고!**"

황새가 넙죽 말대답하자, 꿩이 발끈하며 말했지요.

"엥, 나를 잡아먹는다고?"

"아니, 아니. 굿도 보고 떡도 먹는다고."

황새의 말에 모두 한바탕 웃음을 터뜨렸어요.

휘영청 달 밝은 부엉이 곳간이었어요.

새들은 앞으로 서로서로 돕는 친구가 되기로 약속했어요. 그리고 밤새도록 떠들썩하게 신 나는 잔치를 벌였어요.

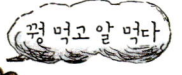

꿩 먹고 알 먹다

꿩을 잡았는데 알을 품고 있는 꿩이어서 두 가지를 얻었다는 데서 나온 표현으로, 한 가지 일로 둘 이상의 이득을 보았다는 뜻이다.

물고기에서 우리말이 나왔어요
나야 나, 은어야!

"아, 은어라는 이름이 좋았는데……. 은어, 얼마나 예쁜 이름이야."

도루묵은 백합 조개 거울을 들여다보며 한숨을 폭 내쉬었어요.

"휴, 내 얼굴 어디가 도루묵 같아? 왜 모두 날 보고 **말짱 도루묵**이라고 하느냐고. 아이, 기분 나빠."

도루묵은 은어라는 이름을 되찾고 싶었어요.

그래서 헤엄칠 때도 지느러미를 우아하게 살랑살랑 흔들었어요.

하지만 그래 봤자 다른 물고기들은 도루묵이 지나갈 때마다 놀려 대지 뭐예요.

말짱 도루묵

난리 통에 피난 온 임금이 묵이란 물고기가 맛있다 하여 '은어'라 불렀다가 이후에 "도로 묵이라 해라." 하여 도루묵이 된 데서 나온 표현으로, 해 오던 일이 모두 헛일이 되었을 때 쓴다.

"야, 저기 도루묵 지나간다. 쟤 별명이 말짱 도루묵이래. 하하하."

도루묵은 그럴 때마다 얼마나 속상한지 몰라요.

은어라는 어여쁜 이름이 없었다면 또 모르겠어요.

한때는 은어라고 불린 적이 있었단 말이에요.

물론 도루묵도 자기 이름이 원래는 묵이었다가 은어였다가 왜 도루묵이 되었는지 어른 도루묵들에게 들어서 잘 알고 있어요.

옛날에 한 임금님이 전쟁 통에 피난을 가게 되었는데 마을 어부가 묵이라는 물고기를 구워 바쳤어요.

임금님은 묵 맛이 참 좋다며 "은어"라는 예쁜 이름을 내려

주었지요.

　전쟁이 끝나 다시 궁궐에 돌아온 임금님은 문득 은어가 생각나서 다시 찾았대요.

　하지만 다른 맛난 것들이 넘칠 때라서 피난길만큼 은어가 맛있지 않았겠지요. 그래서 임금님은 "에이, 맛없구나. 이 물고기를 도로 묵이라 해라." 하고 명령했다지 뭐예요.

　그때부터 은어는 그냥 묵도 아닌 도루묵이라고 불렸대요.

　별명은 말짱 도루묵이 되었고요.

　다른 물고기들한테 놀림을 받을 때마다 도루묵은 바다 위를 향해 원망스런 눈길을 보냈어요.

　"임금님 왜 그러셨어요? 잉잉."

　도루묵은 은어라는 이름을 되찾고 싶었어요. 그래서 이 생각 저 생각, 열심히 머리를 굴렸어요.

　"아, 그래. 그러면 되겠다."

　도루묵은 몸에 끈적끈적한 해초를 문질러 바른 뒤 은빛 조갯가루 위를 뒹굴었어요. 그러자 온몸이 반짝이는 은빛 물고기가 되었지요.

도루묵은 이번에는 산호초 두 개를 꺾어 아가미 사이에 끼웠어요.

"이렇게 하면 왕관을 쓴 것처럼 보일 거야. 이 정도면 다른 물고기들이 다시 은어라고 불러 주겠지?"

도루묵은 멋지게 변한 자기 모습을 자랑하고 싶어 안달이 났어요.

"하필 오늘따라 물고기들이 안 보이네."

도루묵은 이리저리 돌아다니다가 바위 위에 납작 엎드려 잠든 뚝지를 보았어요.

"아, 저기 멍텅구리가 있네."

도루묵은 멍텅구리 뚝지를 깨우려고 큰 소리로 말했어요.

"얘, 멍텅구리야. 나 어때, 예쁘지?"

쿨쿨 낮잠 자다가 아직 잠이 덜 깬 뚝지는 처음 보는 괴상한 물고기를 보고는 기겁을 했어요. 뚝지는 무조건 싹싹 빌었어요.

"으악, 잘못했어요. 다신 안 그럴게요."

그러고는 우당탕 흙탕물을 일으키며 뒤도 안 돌아보고 달아나 버렸어요.

그 바람에 도루묵은 시커먼 흙탕물을 흠뻑 뒤집어쓰고 말았어요.

멍텅구리 뚝지

뚝지는 울퉁불퉁 못생기고 동작이 느려서 멍텅구리라고 불리는데, 판단력이 없고 어리석은 사람을 말할 때 빗대어 쓴다.

"퉤퉤, 저 뚝지, 멍텅구리 바보. 저러니까 멍청이 멍텅구리로 불리는 게 당연해."

도루묵은 맑은 물로 찰방찰방 헤엄쳐 가서 흙탕물을 씻어 냈어요. 백합 조개 거울을 꺼내 살펴보았더니 그럭저럭 은빛으로 돌아왔어요.

"그래, 저런 멍텅구리 말고 내 아름다운 모습을 한눈에 알아보고 다시 은어라고 불러 줄 똑똑한 친구를 찾아야겠어. 분명 어딘가에 있을 거야."

도루묵은 물고기들을 찾아 다시 이리저리 헤엄쳐 다녔어요.

한편 처음 보는 물고기 때문에 놀란 뚝지는 해초 수풀까지 달아났어요.

뚝지는 아직도 벌렁벌렁 뛰는 가슴을 가라앉히며 떨고 있었어요.

그때 잘난 척 대장 고등어가 뚝지 앞으로 지나가다 멈춰 섰어요.

"얘, 뚝지야. 왜 바보처럼 벌벌 떨고 있어?"

"응, 아까 이상하게 생긴 물고기를 봤어."

뚝지는 아직도 놀란 눈을 하고 있었어요.

"보자마자 놀라서 이리 도망 왔지. 고등어야, 너는 그 물고기에 대해 알지? 넌 아는 게 많잖아."

고등어는 설명도 없이 다짜고짜 물어 대는 뚝지가 답답했지만 꾹 참고 되물었어요.

"그러니까 그 물고기가 어떻게 생겼는데? 말을 해 줘야 알지."

"응, 내가 말 안 했던가? 몸은 온통 은빛이고 이렇게 아가미 양쪽에 긴 뿔이 달려 있어."

뚝지는 풍선 같은 몸을 흔들면서 지느러미짓 꼬리짓까지 해 가며 설명을 했어요.

고등어도 그렇게 생긴 물고기는 본 적이 없었어요. 하지만 뚝지 앞에서 잘난 척하고 싶어서 흠흠 헛기침을 한 다음 말했어요.

"뿔이 난 은빛 물고기라면 용왕님 아들인데, 몰랐어? 너, 다음에 그 왕자 물고기를 만나거들랑 큰절부터 올려야 해. 알았지?"

"꼭 그래야 해?"

뚝지가 멍한 표정으로 물었어요.

고등어는 웃음이 터질 것 같았지만 티 내지 않고 고개를

끄덕였어요.

"그럼, 왕자 물고기인데 절부터 올려야 하고말고."

마침 그때 물고기들을 찾아 헤매던 도루묵이 뚝지와 고등어에게 쪼르르 헤엄쳐 왔어요.

"어, 왕자 물고기다!"

뚝지는 화들짝 놀라 넙죽 큰절부터 올렸어요.

고등어도 막상 처음 보는 물고기 앞이라 겁이 더럭 났어요.

고등어도 앞뒤 재지 않고 뚝지처럼 넙죽 절부터 올렸어요.

"애들아. 나야 나, 은어야! 그런데 나한테 절은 왜 해?"

도루묵은 아가미에서 산호초 뿔을 쑥 빼내며 물었어요.

고등어는 그제야 뿔이 달린 물고기가 누구인지 똑똑히 알 수 있었어요.

"뭐야, 너. 도루묵이잖아. 난 또 깜짝 놀랐네."

고등어가 기가 차다는 듯 소리쳤어요.

뚝지도 멍한 표정으로 바라보다가 더듬더듬 내뱉었어요.

"도루묵이다……. 도루묵……."

도루묵은 금세 풀이 팍 죽었어요.

은어로 불리고 싶어서 애써 몸단장까지 했는데 도로 도루묵으로 불리고 말았으니까요.

"그래. 산호초 뿔을 빼내니 말짱 도루묵이다!"

도루묵이 실망해서 한숨을 폭 내쉬었어요.

그제야 벌렁거리는 가슴을 가라앉힌 뚝지가 한마디 했어요.

"얘, 도루묵아. 너 아까 왜 그렇게 하고 다녔어? 그 이상한 뿔 때문에 놀라 자빠질 뻔했잖아."

"참, 그것도 몰라? 예뻐 보이려고 그랬지. 예뻐지면 도루묵에서 다시 은어로 불릴까 봐 그랬다. 왜?"

도루묵의 뽀로통한 대답에 뚝지가 말했어요.

"도루묵, 난 원래 네 모습이 백만 배는 더 예뻐. 저, 그리고 은어라고 불리는 게 좋으면 이제부터 내가 은어라고 불러 줄게. ……은어야."

"뚝지야, 고마워. 나도 이제부터 널 멍텅구리라고 놀리지 않을게."

뚝지는 생김새가 멍청해 보이고 행동이 굼떠 멍텅구리라고 불리지만, 속 깊은 친구였어요.

"그런데 참, 고등어야. 아까 너 왜 거짓말했어?"

뚝지는 갑자기 고등어에게 속은 게 생각나서 고등어를 나무라듯 보았어요.

"미안해. 모른다고 하기 싫어서 거짓말했어. 담부터 안 그럴게."

고등어가 미안해하며 몸을 꼬았어요.

"그래, 그러지 마, 고등어야. 거짓말은 하다 보면 버릇된단 말이야."

도루묵도 고등어에게 따끔하게 한마디 해 주었어요.

"알았어. 대신 나도 앞으로는 널 도루묵이라고 부르지 않을게. ……은어야!"

도루묵은 정말 기뻤어요.

자기를 은어라고 불러 준 친구가 한꺼번에 둘이나 생겼으니까요.

셋은 사이좋게 나란히 바닷속을 너울너울 헤엄치기 시작했어요.

도루묵도 뚝지도 고등어도 모두 반짝반짝 빛났어요.

동물에서 우리말이 나왔어요
용감무쌍 하룻강아지

　털 뭉치처럼 동글동글 오동통한 강아지들이 햇살 좋은 마당을 쫄랑쫄랑 돌아다녀요.
　여섯 마리 강아지들이 뒤엉켜서 토닥거리며 놀고 있어요.
　꼬리를 물고 당기고, 서로 배를 깔고 드러눕고, 데굴데굴 구르면서 신이 났어요.
　그 바람에 잘 다져진 흙 마당인데도 먼지가 폴폴 일었어요.
　하지만 제일 큰형인 하롱이는 엄마에게 착 달라붙어 빈 젖꼭지를 물고 있어요.
　엄마는 더 이상 젖이 안 나오는데도 하롱이를 밀쳐 내지 않고

가만히 옆으로 누워 있어요.

　엄마는 형제들 가운데서 가장 몸집도 작고 약해서 비실거리는 하롱이가 불쌍해서 가만히 있었어요.

　하롱이는 강아지 일곱 마리 중에서 가장 먼저 태어난 **무녀리**이거든요.

　"하롱아, 젖이 안 나와서 배 많이 고프지?"

　"멍! 배고파요, 엄마."

　하롱이가 망설이지도 않고 냉큼 대답하는 걸 보니 엄마는 가슴이 찌르르 아파 왔어요.

　"그래, 배고플 거야. 젖이 조금은 더 나와야 할 텐데……. 우리 하롱이는 아직 젖을 더 먹어야 하는데 말이다. 휴."

　엄마는 요즘 들어 잠을 깊이 자지 못했어요.

　밤이 되면 일곱 마리 강아지들을 노리느라 집 주위를 부스럭거리며 돌아다니는 산짐승들이 있기 때문이었어요.

　어느 날 밤에 오소리가 눈에 불을 켜고 대문을 넘어온 적도 있었어요.

무녀리
여러 새끼들 중에서 제일 먼저 태어난 새끼를 이르는 말로, 제일 먼저 태어난 만큼 몸이 작고 약해서 말과 행동이 모자란 사람에 빗대어 쓴다.

컹컹! 엄마가 벌떡 일어나 무섭게 짖는 바람에 주인아저씨가 불을 켜고 마당에 내려섰어요.

오소리는 화들짝 놀라 뒷산으로 달아나 버렸어요.

'휴, 강아지들 태어난 게 뒷산까지 소문이 났나 보네. 산짐승들이 언제 새끼들을 채 갈지 모르니 조심 또 조심해야지.'

그다음부터 엄마는 두 눈을 뜨다시피 한 채 잠을 잤어요.

바람이 불어 나뭇가지가 부스럭거리기만 허도 엄마는 발딱 일어나 주위를 살폈어요.

그렇다 보니 잠도 못 자고 걱정도 깊어져서 젖이 말라 버린 거예요.

엄마 젖이 말라도 다른 여섯 마리 강아지들은 이미 부쩍 자랐기 때문에 문제가 없었어요.

다른 강아지들은 주인아저씨가 물에 말아 주는 밥을 먹으면 되니까요.

하지만 무녀리 하롱이는 아직 젖을 더 먹어야 하는데, 젖이 안 나오니 엄마 마음이 더 답답했지요.

하롱이는 몸도 작고 힘도 약하지만 마음까지 약한 건 아니었어요.

'엄마가 밤에 나는 이상한 소리 때문에 잠을 못 자는 것 같은데……. 그게 무슨 소리일까? 그 소리만 아니면 엄마 젖이 잘 나올 텐데 말이야.'

하롱이는 고개를 삐딱하게 꼬고서는 골똘히 생각하고 또 생각했어요.

'그래, 내가 몸집은 쪼그마하지만 어쨌든 큰형이잖아. 내가 범인을 잡고 말겠어. 엄마를 괴롭히는 녀석이 누군지 잡히기만 해 봐. 내가 그냥, 캭!'

하롱이는 눈을 초롱초롱 빛내며 다짐했어요.

하롱이는 입에서 엄마의 빈 젖을 빼내고는 슬그머니 자리에서 일어났어요.

철없는 동생들이 마당을 돌아다니며 장난칠 동안, 하롱이는 마당을 요리조리 꼼꼼하게 살피며 돌아다녔어요.

"음, 뭔가 실마리가 있을 거야. 하나도 놓치지 말아야지."

그때 하롱이 눈에 뭔가가 띄었어요.

젖었다가 굳은 땅 위에 엉망으로 찍힌 여러 발자국들이 보였어요.

"오, 딱 걸렸어!"

하롱이는 다가가서 발자국들을 뚫어져라 살폈지요. 그리고 자기 발을 들어 발자국에 하나하나 대어 보았어요.

자기 발보다 조금 큰 건 동생들 발자국인 것 같은데, 모양이 다른 낯선 발자국들이 있었어요.

"어, 이 발자국들은 뭐지?"

고양이 발자국인지 개 발자국인지, **괴발개발** 엉망으로 찍힌 모양으로는 알아차릴 수가 없었어요.

"안 되겠다. 밤이 될 때까지 기다려 봐야지."

하롱이는 밤에 다시 일어날 생각으로 동생들보다 일찍 잠들었어요.

텅 빈 배에서 꼬르륵 물소리가 났지만 뭐, 참을 수밖에요.

'범인만 잡으면 엄마도 편히 주무실 테고 다시 젖도 나올 거야. 그럼 젖을 배불리 먹고 나도 통통해질 거야.'

하롱이는 통통 분 엄마 젖을 실컷 먹는 꿈을 꾸며 히죽 웃었어요.

괴발개발

'괴'는 고양이를 말하고 '개'는 개를 말하는 것으로, 고양이 발자국과 개 발자국이 어지럽게 뒤섞인 상황을 아무렇게나 갈겨쓴 글씨에 빗대어 쓴다.

밤이 깊었어요. 초저녁부터 실컷 자고 난 하롱이는 발딱 잠에서 깼어요.

뭔가 바스락거리는 소리가 들린 것 같았어요.

하롱이는 설핏 잠든 엄마를 깨우지 않으려고 살금살금 집을 빠져나왔어요.

하롱이는 낮에 괴발개발 발자국들이 찍혀 있던 곳으로 가서 턱

버티고 섰어요.

'우리 엄마 잠 못 자게 하는 녀석, 어디 나타나기만 해 봐.'

작디작은 무녀리 하롱이는 눈을 크게 뜨고 이를 으드득 갈며 기다렸어요.

드디어 뭔가가 날짱날짱 가벼이 다가오는 게 보였어요.

어둠 속에서 얼핏 봐도 자기보다 몸집이 훨씬 큰 동물이었지요.

하지만 하롱이는 무섭지 않았어요.

큰 동물이 점점 더 가까이 다가오자 하롱이는 겁을 주기 위해서 있는 힘껏 캉캉 짖어 댔어요.

그러자 검은 그림자가 우뚝 멈춰 섰어요.

하롱이는 두 눈을 부릅뜨고 마주 보았지요.

"아하, 하롱이로구나. 누가 이렇게 겁도 없이 짖나 했네. 야아옹."

주인집 폭신한 방석 위에서 살고 있는 뚱보 고양이 아주머니였어요.

고양이 아주머니는 새끼를 배어 배가 불룩했어요.

그래서 덩치가 훨씬 더 커다래 보였던 거예요.

"아, 아주머니. 안녕하세요. 전 또 우리 엄마를 밤마다 잠도 못 자게 하는 나쁜 녀석인 줄 알고 짖었어요. 죄송해요. 멍."
뚱보 고양이 아주머니는 호호 웃으며 말했어요.
"아유, 얘. **하룻강아지 범 무서운 줄 모른다**는 말은 들었지만 네가 겁이 없긴 없구나."
"네? 하룻강아지가 뭐예요, 고양이 아줌마?"
"하룻강아지란 건 말이다. 태어난 지 얼마 안 된 강아지를 말하는 거야."
"아하, 태어난 지 하루 된 강아지로군요……. 어, 그런데 전 태어난 지 두 달 가까이 된걸요? 그러니까 전 하룻강아지가 아니에요."
고양이 아주머니는 또 호호 웃으며 말했어요.
"하룻강아지란 건 하루 된 강아지가 아니라 일 년도 안 된 어린 강아지를 말하는 거야. 그러니까 하롱이 너도 하룻강아지 맞아."
하롱이는 뭐라고 대꾸하고 싶었지만 침을 꼴깍 삼키고는 참았어요.

하룻강아지 범 무서운 줄 모른다

태어난 지 하루도 안 된 강아지한테 무서운 것이 있을 수 없는 법. 모든 짐승들이 호랑이 앞에 벌벌 떠는데 강아지가 멍멍 짖는 걸 보고 무서운 상대 앞에서 겁 없이 구는 경우에 빗대어 쓴다.

가르치기 좋아하는 고양이 아주머니는 아주 잘됐다 하고는 계속해서 말했어요.

"그러니까 하룻강아지 범 무서운 줄 모른다는 건 말이야. 너처럼 어린 강아지가 겁 없이 돌아다니다가 범처럼 무서운 산짐승한테 물려 갈지도 모르니까 조심하라는 뜻이야. 알았니?"

하롱이는 가만히 고개만 주억거리다가 불쑥 한마디 했어요.

"그러니까요, 아주머니가 밤에 깨서 돌아다니시니까 우리 엄마가 잠을 제대로 못 잔다고요. 엄마가 못 자니까 젖이 안 나와서 제가 이렇게 조그맣잖아요. 전 아직 젖을 더 먹고 더 자라야 해요. 제일 큰형인데 몸이 제일 작아서 속상해요."

하롱이는 말하다 보니 서글퍼져서 눈물이 어룽어룽했어요.

그 모습을 보자 고양이 아주머니는 더럭 미안한 마음이 들었어요.

"아, 그래. 내가 밤바람 쐬려고 돌아다녀서 너희 엄마가 잠을 편히 못 주무셨구나. 지금 안 주무시면 사과드리러 가야겠다. 함께 갈래?"

하롱이는 고양이 아주머니와 함께 집으로 돌아왔어요.

아닌 게 아니라 엄마는 그새 깨어 집 앞을 지키고 서 있었어요.

"아니, 하롱아, 너 어디 갔다 오니? 네가 없어진 줄도 모르고, 자꾸 무슨 소리가 나서 바짝 귀 기울이고 있었지 뭐니."

엄마가 깜짝 놀라 소리쳤어요.

그러자 고양이 아주머니가 앞으로 나서며 사과를 했어요.

"아, 미안해요. 제가 요즘 밤마다 답답해서 밤바람 쐬러 돌아다녔거든요. 저 때문에 신경 쓰여서 잠도 잘 못 주무신다고요. 하롱이가 어리긴 해도 어찌나 용감한지, 엄마 잠 못 자게 하는 범인을 잡겠다고 나와 있었다네요."

고양이 아주머니는 이제부터 자기가 집 앞을 지켜 줄 테니 푹 자라고 했어요.

한편 잠을 다 자 버린 하롱이는 고양이 아주머니 옆에 자리 잡고는 재미있는 이야기를 들려 달라고 부탁했어요.

수다 떨기 좋아하는 고양이 아주머니는 하롱이에게 '옹고집 소 이야기'를 해 주었어요.

"하롱이 벽창호라는 말 들어 봤니?"

"네. 엄마가 가끔 들개인 우리 아빠가 **벽창호 같아서** 말도 안 듣고 고집 세게 떠돌아다닌다고 하셨어요."

"호호, 옛날에 아무 말도 안 듣는 고집쟁이 소를 벽창우라고 했으니, 네 아빠도 고집쟁이 소처럼 어지간히 남의 말을 안 들으시나 보다."

말똥말똥하던 하롱이도, 피곤에 지친 엄마도 나긋나긋하게

벽창호 같다

압록강 근처의 벽동과 창성 지역에서 나는 크고 고집 센 소에서 나온 '벽창우'가 변한 것으로, 고집이 세고 우둔하여 도무지 말이 통하지 않는 사람에 빗대어 쓴다.

이야기를 들려주는 고양이 아주머니 목소리를 들으며 어느새 고로롱고로롱 잠이 들었어요.

고양이 아주머니는 밤마다 주인아저씨가 대문을 꽁꽁 걸어 잠그는 바람에 이제 밤마을도 못 다닌다고 했어요.

"이제 밤에 산짐승이 대문을 넘어올 일은 없으니 걱정 말고 푹 주무세요. 강아지들이 다 자랄 때까지 밤잠 없는 내가 집 앞을 지켜 드릴 테니까요."

엄마는 정말 오랜만에 잠을 푹 잤답니다.

다음 날이었어요. 하롱이는 버릇처럼 엄마의 빈 젖을 찾아 물다가 기쁨에 겨워 소리쳤어요.

"와, 엄마, 젖이 나와요!"

마당에서 뒹굴던 동생들도 기뻐하며 말했어요.

"형아, 축하해. 얼른 젖 많이 먹고 튼튼해져서 우리랑 놀자."

"걱정 마. 너희들보다 더 크게 자랄게. 난 형이니까!"

마루 끝 방석 위에서 졸던 뚱보 고양이 아주머니도, 젖을 물리던 엄마도 하롱이가 외치는 소리를 듣고는 흐뭇하게 웃었어요.

곤충에서 우리말이 나왔어요

억울해, 억울해, 너무 억울해!

마당 한구석 구부러진 소나무 아래에 곤충 세 마리가 모여서 시끌벅적 떠들어 대고 있어요.

붉은잠자리와 베짱이와 하루살이는 목청을 한껏 돋우었어요.

"사람들은 우리를 터무니없이 오해하고 있어."

붉은잠자리가 착 가라앉은 목소리로 말했어요.

"맞아, 맞아. 정말 너무 억울해."

하루살이가 앵앵거리며 말했어요.

"얘들아, 나부터 억울한 이야기를 할게."

베짱이가 베짱베짱 울먹이며 말했어요.

베짱이
여름철 논밭에서 일하던 사람들이 그늘 아래에서 베짱베짱 노래를 부르는 베짱이를 부러워하여, 놀고먹는 사람에 빗대어 쓴다.

"나는 말이야. 너희도 알겠지만 앞이 탁 트인 들녘이나 길가에서 살잖아. 그러니 새들에게 안 잡아먹히려면 낮에는 꼭꼭 숨어 있어야지, 해 지면 잎에서 잎으로 나무에서 나무로 날아다니며 먹이를 사냥해야지, 여기 폴짝 저기 폴짝 날아다니자면 여간 부지런하지 않으면 안 되잖아?"

"그렇지, 그렇지."

붉은잠자리와 하루살이가 맞장구를 쳐 주었어요.

"게다가 다른 수컷 베짱이들보다 더 높은 울음소리로 애절하게 노래해야 예쁜 짝도 찾을 수 있어. 정말 말도 못 하게 바쁜 몸이거든."

"응, 그런데?"

붉은잠자리와 하루살이가 알맞게 되물어 주자 베짱이는 더욱 열을 올려 말했어요.

"사람들은 이렇게 바쁘고 부지런한 나를 곤충 최고의 게으름뱅이로 만들어 버렸단 말이야. 억울해, 억울해, 괜히 열심히 살았어!"

그러자 **하루살이**가 한숨을 폭 내쉬며 베짱이만큼이나 억울한 이야기를 시작했어요.

"베짱아, 붉은잠자리야. 내 말도 좀 들어 줘. 내가 태어나서 몇 년이나 물속에서 애벌레로 산다는 거 너희는 알지?"

"알지, 알고말고. 2년 넘게 산다며?"

베짱이와 붉은잠자리가 고개를 끄덕이며 대답해 주었어요.

"그런데 내가 날개를 달고 날아다니는 짧은 기간만 보고

하루살이

하루살이는 대개 몇 시간에서 1~2일 정도 살고, 사는 동안 먹이를 먹지 않아서 하루하루 겨우 사는 사람이나 그런 처지에 빗대어 쓴다.

사람들은 나를 하루살이라고 부른단 말이야. 더구나 그 하루살이란 말을 자기들끼리는 하루하루 겨우 살아가는 사람들이나 의미 없는 목숨이나 생활에 붙여 좋지 않은 뜻으로 쓴다잖아……. 이럴 줄 알았으면 물속에서 몇 년이나 살지 말걸. 물속에서 괜히 오래 살았어, 애벌레로 괜히 오래 살았어."

그러자 붉은잠자리가 하루살이를 달래며 말을 시작했어요.

"아, 그래, 하루살이야. 너도 참 억울하겠다. 그런데 나도 만만치 않아. 내 얘기도 들어 봐. 어쩌면 내가 제일 억울할지도 몰라."

붉은잠자리의 말에 베짱이와 하루살이가 동시에 물었어요.

"어째서?"

"난 말이야. 사람들을 위해 많은 일들을 해 주고 있어. 모기나 파리처럼 인간들을 괴롭히는 날벌레를 많이 잡아먹어 주니까 나한테 고마워해야지 않아?"

"맞아, 맞아. 그런데 사람들이 너한테 고마워하지 않아?"

하루살이가 호들갑스럽게 붉은잠자리에게 물었어요.

붉은잠자리는 도리질 치며 말을 이었어요.

"어유, 고마워하기는커녕 제 이름으로 불러 주지도 않고 **천둥벌거숭이**라고 부르는 사람들도 있어. 너희들 천둥벌거숭이란 게 어떤 뜻인 줄 알아?"

"몰라."

"무서운 줄 모르고 주책없이 날뛴다고 천둥벌거숭이라고 부른단다."

"와!"

하루살이와 베짱이가 낮게 소리치자 붉은잠자리는 발끈했어요.

"뭐야, 너희들. 지금 감탄하는 거야?"

그러자 베짱이가 급히 말했어요.

"아냐. 너, 정말 억울하겠다고. 그런데 왜 멀쩡한 이름을 두고 천둥벌거숭이라고 부른대?"

"휴, 내가 천둥 칠 때 날아다닌다고 그렇게 부르는 거야. 나는 천둥 번개 칠 때 비를 피해 숨으려고 날아다니는 모기나 파리를 잡아먹으려고 그러는 건데 말이야. 억울해. 괜히 파리 잡아먹어 줬어, 괜히 모기 잡아먹어 줬어. 천둥 칠 때 괜히 고생했어."

천둥벌거숭이
붉은잠자리를 일컫는 말로, 천둥 번개가 치는 날에 벌레를 잡으러 다니는 붉은잠자리를 보고 천둥을 무서워하지 않는다 하여 세상 무서운 줄 모르고 주책없이 날뛰는 사람에 빗대어 쓴다.

붉은잠자리가 억울해하는 걸 보던 베짱이가 불쑥 나섰어요.

"얘들아, 이러지 말고 우리가 억울하다는 걸 사람들에게 당당하게 알리자. 내가 가서 말하고 올게."

베짱이가 벌떡 일어서자 붉은잠자리와 하루살이가 큰 목소리로 와 하고 감탄했어요.

"그래, 베짱아! 참 멋진 생각이야. 네가 실패하면 다음엔 내가 갈게."

붉은잠자리가 베짱이를 응원하며 말했어요.

베짱이는 마루에 나와 앉아 있는 사람을 향해 폴짝폴짝 날아갔어요.

그때 개미 한 마리가 폴폴 기어와 물었어요.

"베짱아, 너 잘 시간이잖아. 낮에 잠도 안 자고 어딜 그리 급히 날아가는 거야?"

"아, 잘 만났다. 개미야, 너는 당연히 알겠지? '개미와 베짱이' 이야기 말이야."

"그럼, 알고말고. 부지런한 개미와 게으른 베짱이 이야기

말이지?"

베짱이는 콧김을 내뿜으며 말했어요.

"그래, 맞아. 바로 그 개미와 베짱이 이야기에서 베짱이는 결코 게으름뱅이가 아니란 걸 저기 있는 사람에게 알려 주려고 가는 길이야."

그 말을 들은 개미가 피식 웃으며 말했어요.

"그렇다면 사람을 잘못 찾았어. 너는 저 사람에게 가서 그 이야기를 따질 게 아니라 라퐁텐이란 사람에게 말해야 해."

"왜?"

베짱이는 화들짝 놀라 물었어요.

개미는 잘난 체하며 알려 주었지요.

"그건 원래 '개미와 베짱이'가 아니라 '개미와 매미' 이야기였어. 그런데 라퐁텐은 매미가 없는 곳에 살았거든. 태어나서 한 번도 매미를 본 적이 없었어. 그래서 노래를 잘 부르는 곤충은 당연히 베짱이라고 생각해서 잘못 전한 이야기야."

"그럼, 그 라퐁텐이란 사람은 어디로 찾아가면 될까?"

"참, 라퐁텐은 여기서도 한참 먼 유럽에 사는 사람인 데다 벌써 오래전에 죽었어."

"뭐? 그럼 내 억울한 이야기를 할 데가 없잖아."

베짱이는 개미의 말에 기가 팍 죽어서 친구들에게 돌아왔어요.

그 모습을 본 붉은잠자리가 벌떡 일어섰어요.

"그럼 이번엔 내가 가서 억울함을 알리고 올게. 친구들아, 기다려 줘."

붉은잠자리는 재빨리 날아가다 말고 우뚝 멈췄어요.

때마침 붉은잠자리의 가장 큰 적이 나타난 거였어요.

너무나 무서운 개구쟁이 꼬마였어요.

'저 꼬마는 잠자리만 보면 잡아서 꼬리를 끊고 지푸라기를 꽂아 날리는 녀석이잖아.'

붉은잠자리는 날개를 파르르 떨며 꼬리를 숨기느라 쌩하니 돌아서 날았어요.

"으악, 꼬리 살려!"

붉은잠자리마저 실패하고 돌아오자 하루살이는 큰 결심을

했어요.

"음. 난 죽을 각오가 되어 있어! 어차피 길게 살아야 3주일 정도밖에 못 살 몸. 오늘 죽더라도 억울함을 알릴 거야. 친구들아, 돌아오지 않을지도 모르니 나를 기다리지 마."

하루살이는 곧장 사람을 향해 씩씩하게 날아갔어요.

하루살이는 사람 귀에 사뿐 내려앉았어요.

이제 말을 하려는데, 아뿔싸!

"어버버……."

입이 없어진 게 아니겠어요.

친구들과 이야기를 나누는 사이에 어른 벌레가 되어 버린 거였어요.

하루살이는 애벌레 때는 입이 있지만 어른 벌레가 되면 입이 사라지거든요.

하루살이가 사람 귀에 앉은 것을 본 베짱이와 붉은잠자리는 와 하고 더욱 더 크게 감탄을 했어요.

"하루살이가 드디어 우리의 억울함을 사람에게 알렸구나."

"장하다. 하루살이, 만세!"

억울함이 사라졌다는 생각에 붉은잠자리는 신이 나서 모기를 잡으러 파르르 날아올랐어요.

베짱이도 속이 후련했어요.

베짱이는 나뭇잎 위에 올라앉아 스륵스륵 베짱베짱 울음소리를

드높여 연주하기 시작했어요.

어디선가 귀여운 암컷 베짱이가 그 소리에 이끌려 날아오고 있었어요. 폴짝폴짝.

입이 없어진 하루살이도 그 모습을 보고는 힘을 내어 포르르 날아올랐어요.

해가 서서히 저물기 시작했어요. 마당에 외등이 반짝 켜졌지요.

식물에서 우리말이 나왔어요

떡갈나무의 짝사랑

감자밭, 콩밭, 고추밭이 나란히 펼쳐진 산언덕에 봄이 왔어요.

그늘 자리에 희끗희끗 남았던 눈마저 녹자 흙이 찰떡처럼 말랑말랑해졌어요.

싱그러운 흙냄새, 풀 냄새가 폴폴 났어요.

언덕 위 커다란 떡갈나무는 긴 겨울잠에서 천천히 깨어났어요.

"흐음, 벌써 봄이 왔구나."

떡갈나무는 비스듬한 언덕 아래를 내려다보았어요.

파릇파릇 삐죽삐죽 돋아난 봄풀들과, 땅속에 어린 감자알을 품고 있는 감자 잎과, 아직 눈곱만 한 콩을 품은 납작한 콩꼬투리가 보였어요.

떡갈나무는 다정한 목소리로 인사했지요.

"모두들, 안녕? 겨우내 잘 잤니?"

"네! 떡갈나무님도요?"

그때였어요. 산밭을 콩콩 올라오는 발자국 소리에 떡갈나무 귀가 쫑긋였어요.

'와, 민서다, 민서.'

아기 때부터 엄마 등에 업혀 올라와 나무 밑에서 놀곤 하던 민서와 엄마가 먼빛으로 보였어요. 떡갈나무는 올해 처음 보는 민서가 무척 반가워서 잎을 마구 살랑였어요.

민서에게 잘 보이고 싶은 마음에 연둣빛 잎사귀들을 햇살에 더욱 반짝반짝 빛나게 했지요.

하지만 민서와 엄마는 아래쪽 밭둑에서만 놀았어요. 볕이 잘 드는 밭둑에는 봄나물이 많았거든요.

"이쪽 나물들이 **칠칠하게** 자랐네. 조물조물 무쳐 먹으면 맛있겠다. 우리 민서도 나물 반찬 잘 먹어야 해."

칠칠하다

나무, 풀, 머리털 등이 잘 자란 것을 이르는 말로, 일을 반듯하고 야무지게 할 때 빗대어 쓴다.

싱싱하게 잘 자란 나물들을 보자 엄마는 함박웃음을 지으며 쭈그려 앉아 나물을 캐기 시작했어요.

"엄마, 나 나물 반찬 싫어. 난 고기반찬만 먹을래."

"우리 민서 이제 초등학생 됐는데 나물 반찬도 잘 먹어야지. 나물이랑 고기랑 골고루 먹어야 쑥쑥 잘 자라."

민서는 초등학생이란 말에 얼굴이 활짝 펴졌어요.

"엄마. 나 초등학생이니까 나물 반찬 잘 먹을게. 참기름 많이 넣어 주세요."

떡갈나무는 민서가 아래쪽 밭에서만 어슬렁거리고 가까이 오지 않아서 섭섭했어요.

괜스레 칠칠치 못하게 자란 자기 발치에 있는 나물들이 미워졌어요.

"아니, 너희들은 다른 나물들 다 자랄 때 뭐 했니? 왜 그렇게 시들거려. 너희들이 칠칠치 못하니까 민서가 이쪽으로는 얼씬도 하지 않잖아."

떡갈나무는 애꿎은 나물들에게 **꼬투리를 잡아** 나무랐어요.

꼬투리를 잡다

콩을 감싸고 있는 껍질을 꼬투리라고 하는데, 꼬투리를 잡으면 그 안에 있는 콩을 얻을 수 있다는 것에 빗대어 남을 해코지하거나 헐뜯을 거리를 잡았을 때 쓴다.

"아이참, 무슨 말씀이세요, 떡갈나무님. 왜 괜한 꼬투리를 잡고 그러세요. 우리야말로 떡갈나무님 그늘에 가려 칠칠하게 못 자란 게 얼마나 억울한데요."

"엇, 그게 그런 건가?"

떡갈나무는 할 말이 없어 그만 입을 꾹 다물 수밖에 없었어요.

민서는 엄마 주위를 뱅뱅 돌면서 조그만 돌멩이들을 골라내어 통통 공기놀이를 하며 놀았어요.

그사이 엄마는 나물을 수북하게 캤어요.

"자, 이만하면 됐다. 내려가서 나물 다듬은 다음에 읍내 나가서 우리 민서 동화책 살까?"

"와, 신 난다. 재밌는 동화책 사야지."

민서는 떡갈나무에게 눈길 한 번 주지 않고 통통 춤추듯이 내려가 버렸어요.

'잘 가, 민서야.'

떡갈나무는 잎사귀를 흔들며 인사했어요.

산언덕에 뜨거운 여름 햇볕이 이글이글 쏟아져 내렸어요.

쨍쨍한 볕에 다른 풀들은 한풀 꺾였는데 고추밭의 고추는 검푸르고 딴딴하게 약이 올랐어요.

떡갈나무는 아까부터 우쭐우쭐 신이 나서 푸르고 무성한 잎으로 덮인 가지를 한껏 펼쳐 커다란 그늘을 만들었어요.

그늘 아래에 민서와 민서 엄마 아빠가 앉아서 점심을 먹고 있던 참이었거든요.

"거참, 풋고추가 약이 제대로 올랐는걸. 민서야, 너도 한 입 먹어 봐."

민서는 아빠가 건네는 풋고추를 받아 아삭 베어 물었어요.

"으악, 매워!"

매워서 혀를 후후 부는 민서를 보며 엄마 아빠는 웃음을 터뜨렸어요.

"아빠, 고추가 약 올랐다는 게 맵다는 거야?"

"그래. 고추가 잘 자라면 독하고 매워지는데 그럴 때 약 올랐다고 해. 사람이 화가 나서 독한 기운이 뻗쳐오를 때도 약 올랐다고 하잖니?"

약이 오르다

식물이 잘 자라 성숙하면 약이 되는 맵거나 쓴 성분이 나오는데, 여기에 빗대어 몹시 화가 나거나 기분이 언짢을 때 쓴다.

"그럼 나도 매워서 약 올랐다, 뭐."

민서가 입을 불쑥 내밀자 엄마 아빠는 재미있다고 더 크게 웃었어요. 민서도 눈에 눈물이 달랑 맺힌 채 따라 웃고 말았지요.

"참, 내려가기 전에 떡갈나무 잎 좀 따 가자."

엄마 말에 민서는 고개를 갸웃거렸어요.

"떡갈나무 잎은 왜? 엄마."

"오늘 떡 찌려고 떡쌀 곱게 갈아 뒀잖니. 떡갈나무 잎을 깔고 찌면 떡이 찜통 바닥에 들러붙지도 않고 향이 은은하게 배어 훨씬 맛있거든. 그래서 이 나무 이름도 원래는 떡갈나무가 아니라 떡갈나무였어. 잎을 떡 밑에 깐다고 말이야."

"아하, 그래서 이름이 떡갈나무구나."

민서는 고개를 끄덕이다 말고 생각난 듯이 불쑥 말했어요.

"내가 아기 때는 떡갈나무 밑동이 어마어마해 보여서 세상에서 제일 큰 나무인 줄 알았어."

민서는 일어나서 팔을 쫙 벌려 떡갈나무를 안아 보았어요.

"그거야 네가 자라서 그렇지. 그때는 네 키가 요만했으니까

떡갈나무

도토리나무의 다른 이름. 잎이 넓어 떡을 찔 때 쓴 데서 유래. 떡을 찔 때 밑에 까는 나뭇잎을 가진 나무라는 뜻으로 '떡갈나무'라 불렸다가 지금은 '떡갈나무'가 되었다.

얼마나 커 보였겠니?"

아빠가 손으로 허리춤을 가리킨 다음 민서 머리를 쓰다듬으며 말했어요.

"헤헤. 내가 더 자라면 떡갈나무가 더 작아 보이겠네."

"그래, 민서야. 떡갈나무가 작아 보이게만 자라렴."

엄마는 웃으며 떡갈나무 잎을 톡톡 따서 광주리에 담았어요.

민서가 떡갈나무를 올려다보며 손나발을 만들어 소리쳤어요.

"떡갈나무야, 떡 찌게 네 잎 좀 따 갈게."

'그래, 민서야, 얼마든지 따 가.'

떡갈나무는 잎을 더 많이, 많이 나눠 주고 싶었지요.

가을이 되자 초가을 산밭에는 고추가 빨갛게 주렁주렁 익어 갔어요.

밭고랑 한쪽에 심어 둔 감자도 땅속에서 알이 토실토실 굵어졌지요.

민서네 가족이 다시 산밭을 올랐어요.

"고추도 따고 감자도 캐고, 이거 일이 많겠는걸."

"우리 먹을 농사만 지었는데 일이랄 게 뭐 있나요. 놀이지."
아빠는 엄마 말이 마음에 드는지 웃으며 고개를 끄덕였어요.
떡갈나무는 노랗게 물들기 시작하는 잎을 찰찰 흔들며 민서네 가족을 반겼어요.
"난 감자 캐는 게 재밌어. 땅속에서 보물 캐는 것 같아."
"하하하. 민서 말도 맞다, 맞아. 땅에서 나는 게 다 보물이지. 우리가 그걸 먹으며 건강해지니까."
아빠는 민서 말도 마음에 들어 큰 웃음을 터뜨리며 말했어요.
민서는 괭이를 볼끈 잡고는 포슬포슬한 흙을 파헤쳤어요.
올망졸망 감자알들이 쑥쑥 당겨 올라왔어요.
"어, 못생긴 감자."
못생긴 돼지감자가 쑥 당겨 올라오자 민서는 손에 들고서 이리저리 쳐다보았어요.
아빠가 웃으며 말했어요.
"돼지감자구나. 밭둑에 버리렴. 돼지감자는 영양가도 없고 소화도 잘 안돼서 먹을 게 못 돼."

부지런히 고추를 따던 엄마도 돼지감자를 보고는 한마디 했어요.

"저런, 뚱딴지 돼지감자가 다른 감자들 틈에서 통통하게 자랐네. 정말 **뚱딴지같네요.** 호호."

엄마와 아빠는 감자와 고추를 잔뜩 담은 광주리를 이고 끼고 산밭을 내려갔어요.

"잠깐만. 나 도토리 좀 주워서 금방 따라 내려갈게."

뒤따라오던 민서가 걸음을 멈추며 말했어요.

뚱딴지같다

뚱딴지는 감자와 비슷한데 영양가가 없어서 돼지감자라고도 부르는데, 감자를 캐다가 뚱딴지가 나오면 사람들이 별로 좋아하지 않아 행동이나 생각이 엉뚱할 때 빗대어 쓴다.

"도토리묵도 안 해 먹을 건데 뚱딴지같이 도토리는 왜?"
"귀엽잖아. 알이 매끈매끈한 게."

민서는 주머니가 볼록해지도록 도토리를 주워 담았어요.

'귀엽다고? 우하하.'

떡갈나무는 불어오는 바람에 몸을 힘껏 흔들었어요.

후드득후드득! 민서에게 도토리를 더 많이 떨어뜨려 주고 싶었거든요.

"와, 도토리가 빗방울처럼 떨어진다."

민서는 도토리 빗방울을 맞으며 아기처럼 즐겁게 콩콩 뛰어다녔어요.

떡갈나무는 이 순간이 오래 이어졌으면 좋겠다고 생각했어요.

겨울이 되었어요.

쌩쌩 차가운 바람이 얼음 칼처럼 온몸을 쿡쿡 쑤시며 불었어요.

나무들도, 풀들도 모두 시들어 버렸어요. 터질 듯이 익어 가던 열매들도 모두 떨어지고 없어요.

콩알이 여물어서 톡톡 튀어 나간 콩꼬투리처럼 텅 비어 버린

산밭에 서리가 하얗게 내렸어요.

떡갈나무는 몸에서 **진이 빠져나가는** 것을 느꼈어요.

팔팔하던 나뭇가지며, 둥치에서 힘이 쑥 빠져나갔어요.

"내년에 민서가 2학년이 되면 키도 더 크겠지?"

가물가물 꿈속처럼, 민서가 떡갈나무 아래를 뱅글뱅글 돌면서 깔깔거리던 웃음소리가 들리는 것 같았어요.

'내년 봄에 다시 물을 힘차게 빨아올리고 햇볕을 쬐어, 빠져나간 진을 채워야지. 민서에게 떡갈나무 잎도, 도토리 열매도, 시원한 그늘도 더 많이 나눠 주려면······.'

그때였어요. 눈이 나풀나풀 내리기 시작했어요.

"와, 눈이다! 눈!"

산언덕을 올라오는 민서가 첫눈을 보며 기뻐하는 목소리가 들렸어요.

떡갈나무는 흐뭇하게 웃으며 스르르 겨울잠으로 빠져들었어요.

진이 빠지다

풀이나 나무껍질에서 나오는 끈끈한 성분을 '진'이라고 하는데, 진이 빠져나가면 식물이 시들시들해져 기운이 없어 보일 때 빗대어 쓴다.

 부록에서 나온 속담들

새에서 나온 속담들

뱁새가 수리를 낳는다 | 부모보다 자식이 더 훌륭하게 된 경우를 비유해 이르는 말
솔개 까치집 뺏듯 | 남의 것을 강제로 빼앗음을 이르는 말
참새가 방앗간을 그저 지나랴 | 자기가 좋아하는 곳은 그대로 지나치지 못함을 이르는 말
까치 발을 볶으면 도둑질한 사람이 말라 죽는다 | 물건을 잃어버린 사람이 훔친 사람을 짐작하여 떠보는 말
부엉이 소리도 제 듣기에는 좋다고 | 자기의 약점을 모르고 자기가 하는 일은 다 좋게 생각하는 경우를 이르는 말
매를 꿩으로 보다 | 사나운 사람을 순한 사람으로 잘못 봤음을 이르는 말

물고기에서 나온 속담들

망둥이가 뛰면 꼴뚜기도 뛴다 | 남의 행동을 쫓아 덩달아 설침을 놀림조로 이르는 말
미꾸라지 한 마리가 온 웅덩이를 흐려 놓는다 | 한 사람의 좋지 않은 행동이 여러 사람에게 나쁜 영향을 미침을 이르는 말
고래 싸움에 새우 등 터진다 | 강한 자들 싸움에 약한 자가 피해를 입게 됨을 이르는 말
물고기는 물을 떠나서 살 수 없다 | 자신이 살기에 알맞은 터전이 있음을 이르는 말
가재는 게 편 | 모양이나 형편이 비슷한 것끼리 서로 감싸기 쉬움을 이르는 말
마파람에 게 눈 감추듯 | 음식을 매우 빨리 먹어 버리는 모습을 이르는 말

동물에서 나온 속담들

닫는 사슴을 보고 얻은 토끼를 잃는다 | 지나친 욕심을 부리다가 손해를 봄을 이르는 말
소 뒷걸음질 치다 쥐 잡기 | 우연히 공을 세운 경우를 비유적으로 이르는 말
청개구리 호박잎에 뛰어오르듯 | 아랫사람이 웃어른에게 버릇없이 가볍게 대함을 이르는 말.
닭의 대가리가 소꼬리보다 낫다 | 큰 것의 뒤보다는 작은 것의 우두머리가 되는 것이 나음을 이르는 말
고양이 목에 방울 달기 | 행동하기 어려운 것을 괜히 의논함을 이르는 말
닭 잡아먹고 오리발 내놓기 | 옳지 못한 일을 해 놓고 속여 넘기려 함을 이르는 말

곤충에서 나온 속담들

모기도 모이면 천둥소리 난다 | 힘없는 것이라도 많이 모이면 큰 힘을 낼 수 있음을 이르는 말
모기도 낯짝이 있어야지 | 염치없고 뻔뻔스러움을 이르는 말
메뚜기도 한철 | 모든 것에는 유행하는 때가 있음을 이르는 말
두꺼비 파리 잡아먹듯 | 음식을 매우 빨리 먹어 버리는 모습을 이르는 말
모기 보고 칼 빼기 | 대수롭지 않은 일에 지나치게 화를 냄을 이르는 말

식물에서 나온 속담들

오르지 못할 나무는 쳐다보지도 마라 | 불가능한 일에 대해서는 욕심을 내지 않는 것이 좋음을 이르는 말
콩 본 당나귀같이 흥흥 한다 | 자기가 좋아하는 것을 보고 기뻐하는 모양을 이르는 말
빛 좋은 개살구 | 겉만 그럴듯하고 실속이 없는 경우를 이르는 말
가지 많은 나무에 바람 잘 날이 없다 | 자식이 많은 부모는 걱정이 끊일 날이 없음을 이르는 말
못 먹는 감 찔러나 본다 | 제 것이 아니면 남도 갖지 못하게 못쓰게 만드는 뒤틀린 마음을 이르는 말
보리밭에 가 숭늉 찾는다 | 일의 순서를 모르고 성급하게 덤빔을 이르는 말